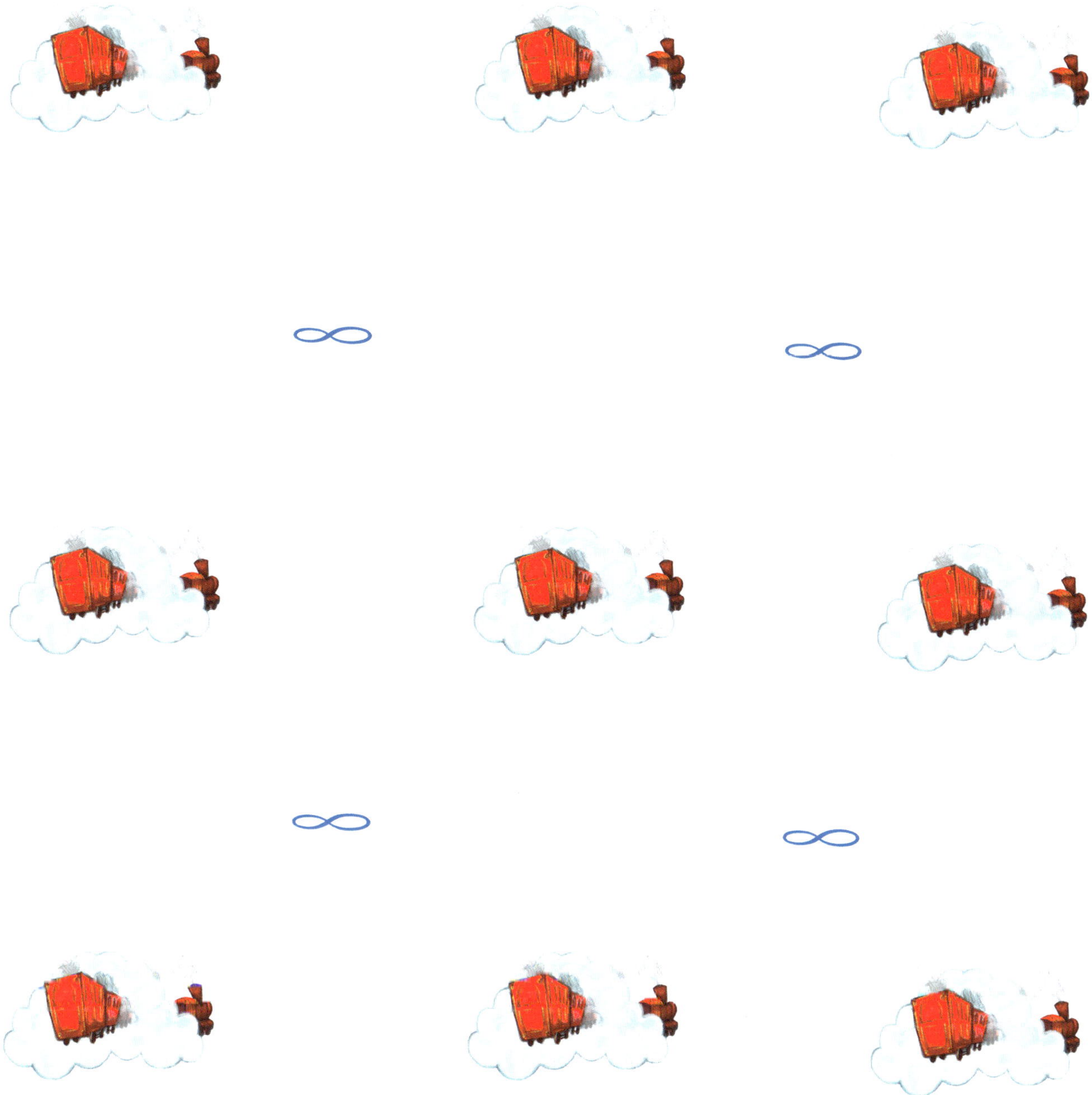

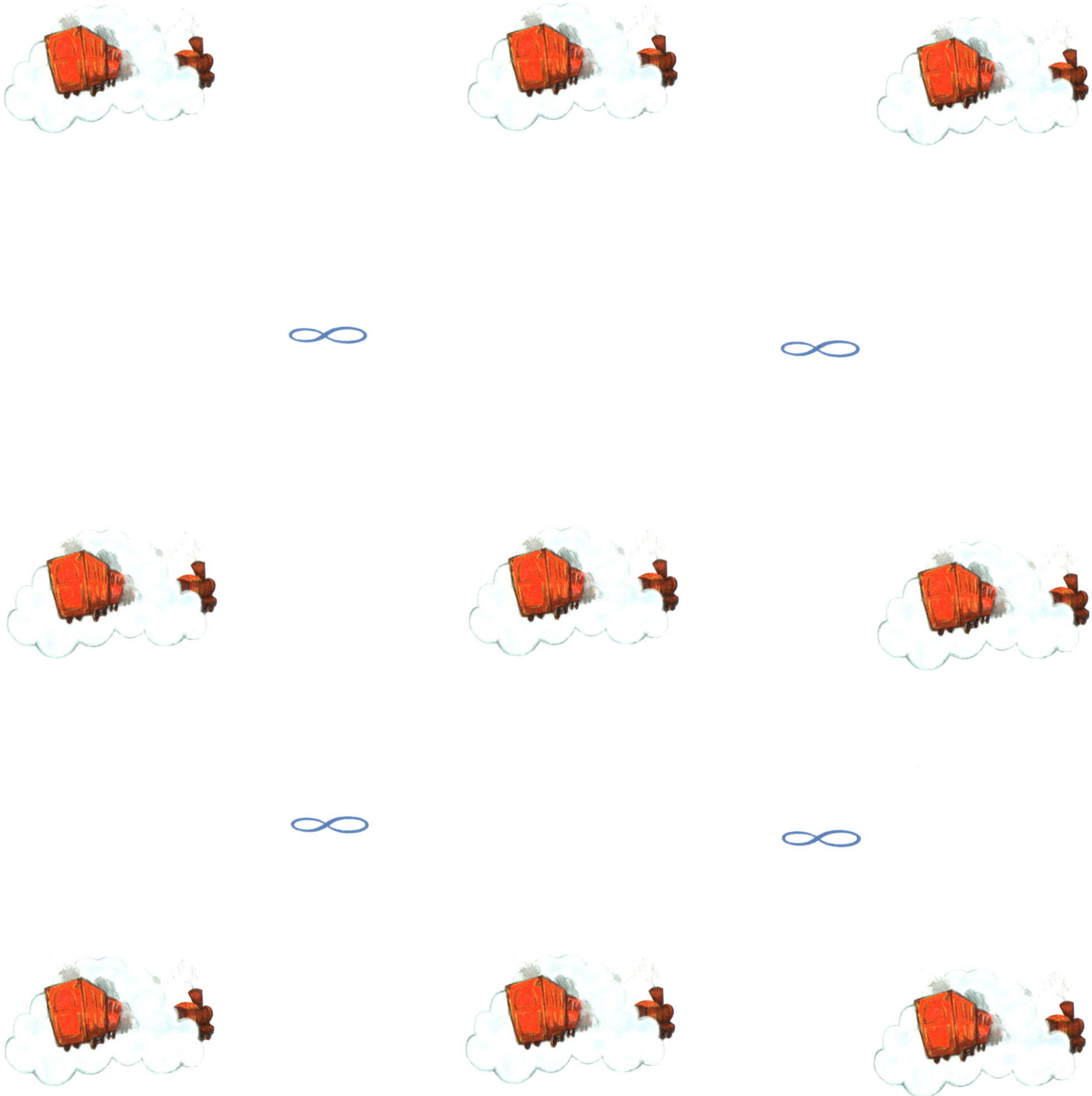

à tous les enfants qui se sentent parfois seuls ou abandonnés

Publié par 99 Series, S.A.R.L.

ISBN13 : 978-1-9413083-73-8

Message de l'auteure

Lorsque de mauvais rêves surviennent, nous pouvons les transformer. Il est possible d'apprendre à chasser les mauvais souvenirs pour les remplacer par des souvenirs heureux. Les choses agréables auxquelles nous pensons ou que nous faisons chassent parfois les sentiments négatifs. Comment en-train-er vos rêves, l'histoire d'Elliott, utilise la métaphore du train pour illustrer les difficultés qui marquent le quotidien du jeune garçon. Elliott a appris à dissiper sa tristesse en se rendant dans des endroits joyeux.

Bien que la plupart des enfants connaissent une enfance heureuse, de nombreux ne pourront vivre la leur, et encore moins en tirer de beaux souvenirs. Comment en-train-er vos rêves entraîne le lecteur à travers une semaine de l'enfance d'Elliott. Celui-ci raconte comment il a réussi à dompter ses rêves dans l'espoir d'encourager d'autres enfants traversant des moments difficiles à se faire entendre et de leur montrer comment s'entraider pour surmonter les épreuves.

Elliott s'endort sur son bureau.

Il se met à rêver à son enfance.

Dans son rêve, il voyage à bord d'un train.

Voici le récit de ce rêve.

COLE PRIMAIR

Alors qu'il rentre de l'école avec son grand-père,

Elliott se sent soudainement triste.

Il ralentit le pas, car il sait ce qui se passera

une fois chez lui.

דחסידי בעלזא
מרן אדמו"ר זצללה"ה
מרן אדמו"ר שליט"א

Sur le chemin de la maison, Elliott passe devant une autre école. Il aperçoit des enfants qui s'amusent dans la cour. Il aimerait rester et jouer avec eux, mais sa mère l'attend à la maison. << Je n'ai pas très envie de rentrer chez moi, >> marmonne Elliott. << Je ne peux jamais jouer dehors. Je n'ai pas d'amis. >>

Au moment où Elliott franchit la porte, sa mère lui crie :

<< Elliott, va chercher du pain et du lait au dépanneur! >>

<< Mais maman, il pleut! >> se lamente Elliott.

<< Prends ton parapluie et vas-y tout de suite!>> tranche-t-elle.

Elliott ouvre le placard, y prend le parapluie blanc, son préféré, puis s'en va.

DÉPANNEUR
JIMMY

Elliott entre dans le magasin de Jimmy.

Celui-ci sait ce que vient chercher Elliott;
le garçon achète la même chose chaque semaine.

Tandis qu'Elliott approche de la caisse, il
aperçoit deux filles qui le fixent du regard.

Elles sourient. Elliott se sent gêné.
Il quitte le magasin à la hâte.

BOULANGERIE
ST-VIATEUR
AGEL
SHOP
BOU

Le jour suivant, Elliott a une autre course à faire : aller chercher des bagels.

Il est fâché contre sa mère qui l'envoie toujours faire des courses après l'école. Il ne peut jamais jouer dehors.

À son retour, il lui reste à peine le temps de manger et de faire ses devoirs avant d'aller au lit.

Le rêve d'Elliott se poursuit. Il veut être heureux.
Sa vie ne lui plaît pas. Il s'imagine dans son
train rouge.
Il aime voyager à bord. Il oublie ainsi,
les choses qui le rendent triste et ne s'arrête qu'en
des endroits joyeux. Il s'imagine faire de la
bicyclette par une belle journée ensoleillée.

PARC
MONT
ROYAL

Elliott adore la montagne. Il la contemple à travers la fenêtre de sa chambre. Il se voit en train de la parcourir à bicylette. Elliott se sent fatigué.
Il s'arrête et s'assoit sur un escalier au coin de la rue pour se reposer. Il est tout près de chez lui.

Assis sur l'escalier, il sent sur lui les rayons du soleil. Ils sont si chauds.

Il pense à ceux qui ont contribué à rendre ses rêves joyeux : Ari et monsieur K.

Ari est le voisin d'Elliott.
Il habite juste à côté.
Les deux garçons sont du même âge.
Ari et Elliott ont l'habitude de s'asseoir sur le balcon pour se raconter des histoires joyeuses, car ils n'ont pas le droit de jouer en bas comme les autres enfants.
L'endroit favori d'Elliott est la ruelle derrière la maison.

Elliott s'enfuit dans la ruelle. C'est le seul endroit où il peut se cacher de sa mère.
Il déteste sa vie.
Il déteste faire de mauvais rêves.
Il se rappelle son train rouge.
Il est à bord.
Il ne veut s'arrêter qu'en des endroits joyeux.

Au moment de quitter la ruelle, son dernier mauvais rêve lui revient à l'esprit.

Tous les samedis, Elliott doit accompagner sa mère à son café préféré.

Il réalise qu'il ne pourra jamais la changer et pense à tout ce qu'elle lui ordonne de faire.

Il sait toutefois qu'il peut s'exercer à rêver.

Il ne veut faire que de beaux rêves. Elliott est ravi.

Il désire partager sa joie avec monsieur K.

COFFEE SHOP

Bakery
BOULANGERIE
Bentzys

Monsieur K est gentil avec Elliott, qui se sent important à ses yeux. Il offre toujours à Elliott un petit pain à l'oignon.

Elliott passe devant sa boulangerie en rentrant de sa dernière course. Il veut lui faire part de quelque chose de spécial.

« Monsieur K! Monsieur K! Devinez quoi! » s'exclame-t-il. « Je sais quoi faire! Je sais maîtriser mes rêves! Je ne laisse le train s'arrêter qu'en des endroits joyeux. »

Elliott est si heureux!

Elliott se réveille de sa sieste.
Il est descendu du train.

Il a faim.

C'est l'heure de visiter son restaurant préféré.

? Tu es où
Maman

Elliott sort du bureau et traverse rapidement la rue. Il a une course à faire, celle qu'il aime le plus : passer chez Schwartz's pour y prendre des cornichons à l'aneth et un sandwich au smoked meat.

afin de chasser la tristesse et la colère, penser à des choses agréables
et faire ce qui nous plaît

Maria F. Guzzo, *philanthrope et auteure*

Au fil de ses activités philanthropiques, Maria F. Guzzo a développé un intérêt pour la santé mentale des enfants l'ayant menée à écrire *comment en-train-er vos rêves.* Maria s'intéresse à ce sujet depuis qu'elle a découvert l'organisme Réseau d'Écriture pour Enfants (RDE) il y a quelques années. Elle a ainsi décidé d'appliquer le concept en cinq étapes dans son manuscrit afin de mieux en comprendre le fonctionnement. L'auteure s'investit entièrement et concrètement dans ses activités philanthropiques. Elle cherche à sensibiliser les gens à la santé mentale des enfants afin de combattre les préjugés et d'aider les enfants à anticiper un avenir heureux.

En septembre 2015, l'événement-bénéfice annuel de la famille Guzzo à Montréal, la Notte in Bianco, sera consacré à la santé mentale des enfants. Maria s'est associée à Réseau d'Écriture pour Enfants (RDE) et soutient cet organisme de bienfaisance voué à la santé mentale des enfants. RDE a créé une méthode en cinq étapes qui aide les enfants à surmonter les difficultés. Ce nouveau traitement thérapeutique et littéraire amène les enfants à s'exprimer en écrivant des livres dans lesquels ils présentent ce qu'ils ont vécu et appris. L'organisme a créé une nouvelle collection de livres intitulée Kids 4 Kids.

Étudiante à la maîtrise en psychiatrie à l'Université McGill, Maria se consacre désormais à ce projet.

Maria est passionnée de photographie, aime voyager et s'intéresse à la musique des années 1960 et 1970. Elle travaille actuellement à son deuxième livre portant sur la santé mentale.

Elle vit à Terrebonne, au Québec (Canada) avec son mari et ses cinq enfants.

Paule Trudel- Bellemare, *illustrateur*

Paule Trudel-Bellemare est originaire de Trois-Rivières, au Canada. Elle a étudié à Montréal, où elle a obtenu son diplôme en dessin animé. Elle a poursuivi ses études en illustration de mode au Fashion Institute of Technology de New York. Paule travaille maintenant comme illustratrice pour des publications de mode et jeunesse.

Elle partage un coquet bungalow dans la banlieue nord de Montréal avec son conjoint, leur fille et leur petit pug noir.